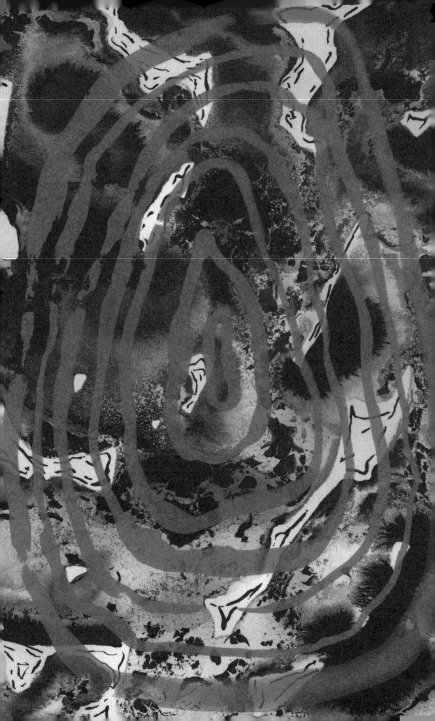

EDITION REVERS

# WASSILY KANDINSKY 1866–1944

VERGESSENE S/OVAL

VERGESSENES OVAL. GEDICHTE AUS DEM NACHLASS
Wassily Kandinsky

EDITION REVERS #05
1. Auflage _ ISBN 978-3-945832-22-6

© 2016 Verlagshaus Berlin
Chodowieckistraße 2 _ 10405 Berlin
Alle Rechte vorbehalten.

www.verlagshaus-berlin.de

HERAUSGEGEBEN VON _ *Alexander Graeff & Alexander Filyuta*
ÜBERSETZUNG _ *Alexander Filyuta*
ILLUSTRATION _ *Christoph Vieweg*
LEKTORAT _ *Jo Frank & Andrea Schmidt*
GESTALTUNG/SATZ _ *Dominik Ziller*

SCHRIFT _ P22 PopArt _ AG Book _ Minion Pro
BUCHDRUCK & BINDUNG _ druckhaus köthen _ Printed in Germany, 2016
PAPIER _ 300 g/m² Gmund Colors 06 _ 100 g/m² Munken Print White

 Die Edition ReVers im Verlagshaus Berlin wurde 2015 von der Stiftung
Buchkunst mit dem Preis der Schönsten Deutschen Bücher ausgezeichnet.

Alle Titel, die im Verlagshaus Berlin erscheinen, werden im Literaturarchiv Marbach, im Lyrik Kabinett München und in der Deutschen Nationalbibliothek archiviert.

Alle Rechte vorbehalten. Das Werk, einschließlich aller seiner Teile sowie der Illustrationen, ist urheberrechtlich geschützt. Jede Verwertung außerhalb der engen Grenzen des Urheberrechtsgesetzes ist ohne Zustimmung des Verlages, des Autors und des Künstlers unzulässig und strafbar. Das gilt insbesondere für Vervielfältigungen, Lesungen, Vertonungen, Übersetzungen, Mikroverfilmungen und die Einspeicherung und Verarbeitung in elektronischen Systemen.

WASSILY KANDINSKY
VERGESSENES OVAL.
GEDICHTE AUS
DEM NACHLASS

HERAUSGEGEBEN VON _ *Alexander Graeff & Alexander Filyuta*
ÜBERSETZUNG _ *Alexander Filyuta*
ILLUSTRATION _ *Christoph Vieweg*

VERLAGSHAUS BERLIN _ *Edition ReVers #05*

Für Gabriele,

W. K.

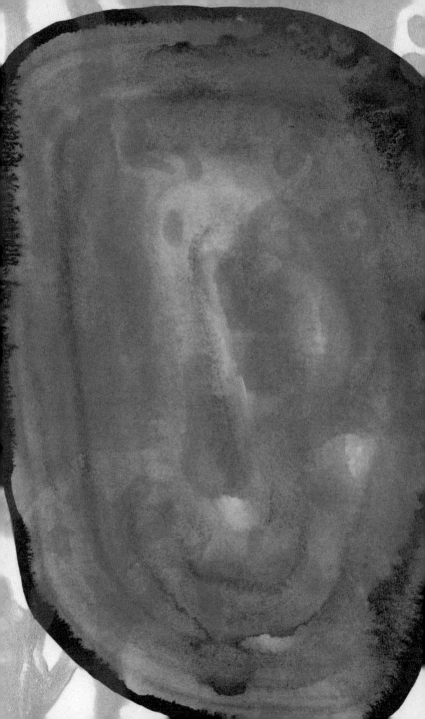

AUCH SO

Um den kleinen gelben Kreis das Grüne. Ohnmächtig zerfließt es nach außen. Nach innen schmiegt es sich aufs Allerdichteste. Nicht wenig bunte Streifen sich nach oben verziehen, schießen, heraufgehen, kriechen, blitzen. Nicht alle machtvoll: Manche fallen eher um. Nicht alle bewusst: manche wie im Traum. Nicht alle wollend: Manche möchten nach unten. Nicht alle jauchzend: manche stumm.

A-a-a-a-! Du, lieber Nachbar! Du violetter undeutlicher Fleck. Der braune Strich kann noch so dick werden, noch so schwer, noch so stumpf, noch so verschlingend, noch so widerwollend, noch so unüberwindlich erscheinen – doch zerschneidet er dich nicht. Im Gegenteil: Seine Spitze ist rot. Es erwacht das Rot. Es sich entreißt dem schwarzen Traum. Der Tod das Leben will. Gewollt, ich will wollen.

Der kanariengelbe Zickzack weiß genau, wer sich in ihm hat abgespiegelt. Und der mittelgroße, etwas schiefe kaltrote Bogen da oben, das Rechte liebend und den Heimweg – er ist dem blauen Kreis nicht so fern, wie manche denken. Und manche denken nichts.

Schwarze Linie, die auf dem Weg etwas Weiß geschluckt hat. Schmutzig-Grünes! Such deine Grenzen selbst! Nie wird ein Menschenwort dir helfen. Nie ... wird ... hel – fen ... Geholfen, ich helfe helfen.

Ist in deinem Gedächtnis das heiße Rot verdaut? Es kam, und es kochte innen. Ernstes Gelb schoss in einer Stelle. Erinnerungen sind geblieben, was nicht alle Menschen sehen. Manche Menschen sehen nichts.

Zum entsetzlichen Abschied da oben auf dem Fernweg das braune vergessene Oval. Es hat den Regenbogen verschluckt. Weh dem Fuß im Sumpf!

Ah, nein! Der blaue Ausweg! Der blaue. Das Blaue. Das Blau.

DAS OPFER

Kleiner grünlicher Vogel auf Gelb, das etwas grünlich ist. Die rosa Zitrone, die sicher ist, um die die Reseda duftet nach violettem Schein. Die roten, fast roten Fische, die den blauen Windelweg hinauf wandern. Das kleine weiße eckige Boot links darüber. Die volle Wahrheit, die durch mich nicht gesagt werden darf. Zwei Schichten, die übereinander parallel verlaufen. Wer unter der oberen die untere nicht sieht, dem läutet die Morgenglocke nicht. Auf der oberen Schicht haben viele Vieles gesehen, so wie die Zähne im Mund gesehen werden. Ein durchsichtiger Zaun, durch den das Abgegrenzte vom seltenen Auge empfangen wird und das seltene Augen empfängt. Die Sturmwelle, die eingefroren ist. Das noch von keinem gesungene Lied, das die Worte gefunden hat, die es mit Silber, Gold und Platin beschlagen haben. Für den schmelzenden Blick ist die volle Wahrheit des Sonnenaufganges in diesem Lied. Ein großer Balg ist schon da und die Hitze wird anhalten. „Ah", sagen die Menschen, wenn die große Glocke geschlagen hat und die Strahlen werden golden mit blau-violetten und teils grün-gelben Rändern. Das Silber bildet sich zu krausen Wölkchen aus. Aus dem Platin wird ein roter Stamm wachsen mit blauer Krone und regenbogenartigen Früchten.

DREI ZIMMER

In einem Zimmer stand mitten im Raum ein viereckiger schwerer Küchentisch. Darauf lag eine graugelb gestreifte Katze, ausgestreckt, mit gerade aus dem Körper ragenden langgezogenen Beinen. Sie schlief so fest, als ob sie tot wäre.
In einem anderen Zimmer daneben hoch an der Decke hing ein kleiner Bauer, in dem ein Kanarienvogel saß. Er stellte die Federn hoch und sah aus wie ein Ball. Vor dem Fenster lag ein runder schwarz gebeizter Tisch auf dem Rücken.
In einem dritten Zimmer daneben stand an die Wand gelehnt auf drei Beinen ein leichtes Mahagonitischchen. Das vierte Bein lag nicht weit entfernt. Mitten im Zimmer stand eine geflochtene Mausefalle. Darin saß ganz still eine Maus, die nass war vom Angstschweiß.
In diesem Zimmer habe ich an der blauen Wand das runde rosa Tischchen gesehen. Darauf lag ein saurer Apfel. Der Mann, der da stand mit seinem langen schwarzen Gehrock, zeigte mir den Apfel. Ich ging aus diesem Zimmer heraus. Es war mir etwas sonderbar in diesem Zimmer. Als ich den weißen, runden Knopf der weißen, glatten Tür drehte, schaute ich mich um. Da saß der Mann im großen grünen Sessel mit der hohen Lehne und guckte durch das große Fenster auf die grünen Birken. Ich ging schnell hinaus. Dann sagte ich mir immer: „Es war doch nichts dabei, es war doch nichts dabei."
Trotzdem denke ich nicht gern daran.

FALSCH HANDELN

Ich saß und wartete auf zwei Frauen und einen Mann. Ich saß auf Ziegelsteinen, die (ich wusste es) für Käfige gebraucht werden. Vor mir war das niedere Gebäude mit vielen Tieren darin und fetten Schlangen, die ihre Zunge zeigten. Ich saß und guckte auf die kleine Tür, über der ein Schild hing: „Ausgang". Ich saß und wartete auf eine Frau, die grünlichgelb war, auf eine Frau, die blau war, auf einen Mann, der lange graue Beine hatte und viel Blau im Gesicht. Viele Frauen und viele Männer kamen heraus. Es waren aber lauter falsche für mich und richtige für andere. Ich wartete aber auf die, die für mich richtig waren und für andere falsch. Und sie kamen, aber von der falschen Seite. Es kommt immer so, wenn man statt durch die Tür, über der ein Schild „Ausgang" hängt, durch die Tür geht, über der ein Schild „Eingang" hängt. So falsch können richtige Menschen handeln … Ich war froh, die Ziegelsteine loszuwerden, aus denen man Käfige baut.

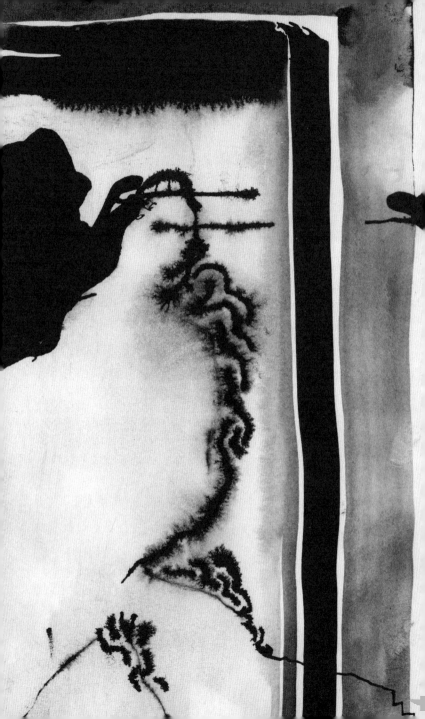

OHNE TITEL

Den einen Mann kenne ich sehr gut. Er öffnet oft das Offene. Nicht ein Mal – mehrere Male.
Mal ein Schicksal!
Der andere guckte durch seine glänzende Brille auf mich. Sein Mund war geschwollen. Schwoll ein wenig auf. Wie viel fühlte ich in seinem Blick?
Fiel es dir ein?
Der dritte aber ... Wer sollte ihn nicht kennen?
Der hat noch immer seinen langen hellbraunen Gehrock an. Die Brust bedeckten dieselben weißen Spitzen, die wasserfallartig vom Hals hin – unter – flossen. Dieser hatte noch immer den Dolch in der Hand.
Wozu schaust du hin?
Was war unter den Spitzen?
Wie? – Die Zeiten flossen!

ABEND

Die Lampe mit dem grünen Schirm sagt zu mir: Warte! Warte!
Worauf soll ich warten? Denke ich.
Und sie sagt mir, das Grüne zeigend: Hoffe!
Von unten durch die Türspalten und durch das harte Holz und harten Stein kommen zu mir ins Zimmer: Klänge. Sie sind da und sprechen zu mir. Aufdringlich und mit Nachdruck sagen sie etwas. Manchmal höre ich klar: Reinheit …
Ein graues, schmales graugrünes Gesicht mit schwerer, langer Nase ist schon lange vor mir und schaut auf mich (wenn ich es auch nicht sehe!) mit weißgrauen Augen.
Durch den Boden von unten will zu mir eindringen ein dumpfes, hölzernes, tierisches Gelächter. Jede Halbminute stößt es an den Boden und ärgert sich, weil es nicht hinein kann.
Ich neige mich näher zum Gesicht herunter. Es lächelt. Die Augen sind ganz schläfrig und trüb.
Ich habe etwas Angst davor. Überwinde mich aber und schaue. Fest in die Augen, die vielleicht immer trüber werden.
Die Klänge kommen und fallen und stolpern.
Vom Kirchturm fallen die Klänge, wie dicke, platzende, putzige Klumpen.
Unten lachen noch immer die Nachbarn – die Menschen.
Warum sagtest du gestern zu mir jenes Wort?

ВЕЧЕР // Лампа с зеленым абажуром мне говорит: Жди! Жди! Я думаю, чего мне ждать? / А она мне зеленое показывает и говорит: надейся! / Издали через дверные щели и через жесткое дерево и через жесткий камень входят ко мне в комнату звуки. Тут они и говорят со мной. Они говорят что-то навязчиво и с напором. / Иногда слышу ясно: чистота. / Серое узкое серозеленое лицо с тяжелым длинным носом уже давно передо мной и смотрит на меня (если я этого даже не вижу!) белосерыми глазами. / Через пол снизу хочет ко мне пробраться, ворваться глухой, деревянный, животный смех. Каждые полминуты он стукается в пол, сердится, потому что не может войти. / Я ближе придвигаюсь к лицу. Оно усмехается. А глаза у него совсем сонные и мутные. / Я его немножко боюсь. Но заставляю себя и смотрю. Прямо в глаза, которые, быть может, делаются все мутнее. / Звуки входят, падают и спотыкаются. / И с колокольни тоже падают звуки, как толстые, лопающиеся нахальные комья. Внизу все еще смеются соседи – люди. / Зачем было тобой вчера сказано то слово?

GEHEN

Als kleiner Knabe ging ich aus dem großen Haus. Das größte Haus der Welt war dieses Haus. Einer den anderen ablösend gingen verschiedene Menschen an meiner Seite. Ich schlug diese Menschen. Ich traf sie nicht. Sie weinten. Ein kleines Steinchen lag auf meinem Weg. Und als ich meinen Fuß auf das kleine Steinchen stellte, wurde das kleine Steinchen zum großen Stein. Und als ich meinen anderen Fuß hob, um von diesem großen Stein herunterzusteigen, wurde dieser große Stein zum Hügel. Und meinen erhobenen Fuß wollte ich auf die Spitze des Hügels stellen. Und als ich mich anschickte, meinen gehobenen Fuß auf die Spitze des Hügels zu stellen, wurde dieser Hügel zum Berg.
Und da merkte ich, dass ich blind war. Und da ich blind war, wusste ich nicht, wo rechts ist und wo links, wo unten und wo oben. Ich konnte nicht mehr die Erde vom Himmel trennen. Und da ich blind war, wusste ich nicht, wo die Grenze zu ziehen ist. Und laut sagte ich zu mir: „Da bin ich auf den Berg gekommen ohne ihn zu erkämpfen, ohne ihn gesucht zu haben. Er kam zu mir und legte sich unter meine Füße. Und da bin ich auf dem Berg und sehe die Herrlichkeit nicht, da ich blind bin". Und ich erwachte. Und kein Berg, kein Hügel, kein Stein, kein Steinchen waren unter meinen Füßen. Glatt lag der Weg vor mir. Und einer den anderen ablösend gingen verschiedene Menschen an meiner Seite. Und ich wandte mich um. Das große Haus war nicht zu sehen. Und ich wandte mich wiederum um, so dass meine Blicke nach vorne gerichtet wurden. Und ein kleines sauberes schmuckes weißes Häuschen sah ich vor mir. In der Ferne. Und ich verstand, dass ich zu diesem Häuschen gehen musste. Und ich dankte den Menschen, die an meiner Seite gingen. Die ich treffen wollte und nicht konnte und die weinten. Und sie sagten: Amen.

DER WEG

Ein nicht breiter Weg läuft außer Atem aus dem Dorf und davon. Erst an den Hügel heran. Patsch! Einige wilde Sprünge, ein paar Mal abgerutscht. Noch ein Hops! Er ist oben. Hier muss etwas Atem geschöpft werden. Keine Zeit. Bums!, rollt er herunter. Wo soll man sich anfassen! Keine Zeit. Rrrrr ... geht's herunter. Einige Male hat er sich überschlagen, kopfüber. Eins! Unten angelangt. Schschschschsch ... die Ebene zwischen Feldern. Die Kornhalme kitzeln. Da ist wieder ein Hügel – es heißt: Kräfte sammeln. Eins! Eins! Eins! Eins! Vor Anstrengung manche schiefe Sprünge gemacht. Unmöglich zu verbessern. Es ist geschehen. Und die Bäume sollten nicht im Wege wachsen. Au! Das ist aber abschüssig! Und ganz unten quer ein tiefer Graben mit Wasser! Oje! Oh, die lieben Bäume. Sie werfen schnell, schnell ihr Laub ab, die Zweige, die Äste verlassen die Wurzeln und rollen, rollen. Schnell, schnell. Sie legen sich in feinen Winkeln übereinander. Ah! In der Mitte, etwas links von der Mitte ein langes Loch. Die rote Fichte schüttelt sich hurtig. Die Nadeln fliegen krrrrach! Von der haltenden Wurzel befreit, rollt schnell, schnell der Fichtenstamm, im Rollen die Zweige und Äste abschüttelnd und patsch!, ist die Lücke ausgefüllt. Höchste Zeit: Gerade, gerade ging er noch, und der Weg hatte Zeit, den Graben zu vermeiden, nicht nass zu werden. Er rollt über die Brücke und erschöpft kriecht er auf die sanfte Anhöhe. Atem schöpfend, rutscht er sie herunter. Wäre es anders gegangen, so wäre er ins Wasser geraten, das unten ist. Ha! Jetzt wird fein an der Wasserkante gegangen. Oh, die Wellen! Eins! Eins! Eins! Doch haben sie einen Teil überschwemmt. Der Weg stürzt entsetzt weiter. Schnell! Schnell! In den Wald, der da winkt. Gleich sieht es jeder, dass er freundlich winkt. Und Steine rollen von allen Seiten grrrrrrrrrrrr……hhhhhh…… und fest, fest drücken sie sich aneinander, dass es zischt, und siehe, sie haben den nassen Teil gehoben. Steine sind immer was wert. Und der Weg ist derweil im Wald verschwunden. Er ist noch so voll Angst, dass er gar nicht bemerkt, wie Büsche und Bäume zu ihm freundlich sind. Sie springen in die Höhe, entwurzeln sich, schmeißen das Laub um sich, dass es kracht und dröhnt im ganzen Wald. Wunderbar ist es, dass sie plötzlich spurlos verschwinden. Und allmählich zu sich kommend, geht jetzt der Weg ruhig immer weiter. Welche Gefahren er schon überstanden! Welche Gefahren könnten noch kommen? Er ist auf alles gefasst, und in reicher Erfahrung überwindet er alles. A – a – a – a!!!!, das aber konnte niemand erwarten.

OHNE TITEL

Oft habe ich mich an ihn gewandt und nie eine Antwort erhalten.
Ich streckte meinen Hals und legte den Kopf zurück. Ich guckte lange auf die Erde.
Einmal ging ich lange Zeit bei dunkler, wirklich schwarzer Nacht.
Aber nie war eine Antwort da.
Und da es um mich so dunkel war und ich keine Antwort erhielt, fing ich an mit mir selbst zu sprechen. Ich fragte mich und antwortete selbst auf meine Fragen. So bekam ich endlich genaueste Auskunft.
Schließlich kam ich zur Überzeugung, dass ich alles weiß.
Es wäre auch heute noch so, aber einmal stolperte ich über einen Stein.
Lang und dumm lag ich da in der schwarzen Nacht.
Da gingen mir die Augen auf.
Willst du auch sehen?
Schön, dann fall' auch du.

BASIS

Es ist unklug, wenn alles klug ist. Da stimmt sicher etwas nicht.
Und wenn alles stimmt, ist es sicher unklug.
Viele Menschen stehen im Gehen.

KAPITEL

Jeder Mensch träumt, dass er durch die Enge kriechen muss, dass die Enge immer enger wird, dass er erst den Kopf durchstrecken konnte (bloß die Schultern konnten nicht durch die Enge), dass endlich die Enge so eng wurde, dass auch der Kopf durch die Enge nicht konnte.

FRAGE

Tür öffnen ist leicht.
Tür zumachen ist schwerer. – Besonders,
wenn es zieht.
Und wann zieht es nicht?

LANDSCHAFT

Du sagtest, der See wäre silbern? Er ist nicht silbern! Er ist nass. Siehst du, sein nasses Wasser trinkt ein Schäfchen. Es sollte nicht trinken. Nicht der Mühe wert. Da ist schon der Metzger mit seinem großen, oh, großen Messer! Er sucht es schon. Er findet es schon. Es ist unmöglich, dass er es nicht findet. Wozu es nur noch trinkt?
Oder ist es vielleicht unbedingt notwendig, dass es noch einmal trinkt?
Das meinst du eben, aber du hast ja auch gemeint, der See wäre silbern!

Der Andere: Der See ist silbern, und die langen, langen ziehenden Wolken sind wandernde violette Wege im Himmel. Und die großen Berge dahinter sind schlafende Ungeheuer, bedeckt mit alten, schimmligen abgenützten Häuten.

Und das große Schweigen ist laute Rede.
Sind denn Tränen kostbare Perlen, die zu verlieren du bange bist?

ПЕЙЗАЖ // По-твоему, озеро серебряное? Оно не серебряное! Оно мокрое. Смотри, вон его мокрую воду пьет барашек. Лучше бы он не пил. Не стоит. Вон уж идет мясник с большим, большим ножом. Он уж его ищет. Он его найдет. Невозможно, чтобы он его не нашел. И к чему он еще идет? / Или, быть может, совершенно необходимо, чтобы он попил еще раз? Это так по-твоему, но, ведь, и озеро серебряное! // Другой: Озеро серебряное и длинные, длинные тягучие облака – блуждающие по небу лиловые дороги. А большие горы там позади – спящие чудовища, покрытые старыми, заплесневелыми, истертыми шкурами. // И большое молчание – громкая речь. / Разве слезы – драгоценные жемчужины, которые ты боишься растерять?

EINE POSTKARTE

Auf der „Luft" liegend, aber in Wirklichkeit in die Luft bohrend. Jahrhunderte, Stein auf Stein, Tag auf Tag (dazwischen manche schlaflose Nacht), mit Spitzen, die schießen, die hängen, die wollen, die schmücken.
Sch-sch-sch-sch …! Unten… Strich:
weiß, horizontal mit Pünktchen. Damit man sieht! Damit man atmet!!
Und wieder Schmuck!!!
Blau! Breit! Schief! Quer! Kühl!
Eis! Dampfer! Holland!
Grün getönt, geschmutzt, gequetscht, zerknüllt.
– Stell dich doch ans Geländer und schau auf die schwimmende Brücke.
– Das kann ich nicht.
Oh! Die kleinen, krausen Fleckchen.
Wie unendlich talentlos.
....
....
....
....
Aber! Das Herz macht: g! g! g! g! g! g! g! g! (ad libitum).

LEER

Links oben in der Ecke ein Pünktchen.
Rechts unten in der Ecke ein Pünktchen.
Und in der Mitte gar nichts.
Und gar nichts ist viel. Sehr viel – jedenfalls
viel mehr als etwas.

DÜRFEN

Es gibt eine lange Schnur, an der man nicht ziehen darf. Es ist wirklich gut, dass keiner weiß, wo sich diese Schnur befindet. Wobei aber zu bemerken ist, dass die Schnur einen Anfang und ein Ende hat – das Ende, an dem man nicht ziehen darf.

NICHT ANDERS

Ein ganz kleiner Strahl riss durch die neuen Flüsse. Entlehnungen. Entlehnungen. Die schmale gelbe Süße. Neben dem blassen Blau ruhte zagend, in innerer Frage lau das Rosa. Der ganz kleine Strahl. Sie trafen sich in unbestimmter Zeit, wie sich die Nadel mit dem Finger trifft, mit dem Finger, in den zu bohren sie der unbestimmten Zeit entsprang. Dieser Drang lag in ihr wie in dem kleinen, ganz kleinen Strahl. Das Unbestimmte ist dieser Strahl.

ICH UND SONNE

Ich legte meinen Körper auf zwei dünne Bretter. Und diese Bretter brückten, zerrissen das gurgelnde Wasser. Die Berge mussten hindurch laufen. Sie sprangen übereinander. Die konnte ich überhaupt ganz leicht hinter meinen Rücken schmeißen. Aber den Schatten nicht. Dazu reichte meine ganze Kraft nicht aus. Die Sonne konnte es.

NEUMOND

Vom Berg herunter kugelte ein weißes Pferd. Später rollte ein roter Reiter schnell herunter. Eine Rakete schnellte aufwärts in einer unbestimmten, leidenden Linie und blieb eine volle Minute in der Luft hängen. Ein grüner Frosch sprang aus dem blauen Wasser auf eine rosa Rose, die lange wackelte. Später fiel aus ihrem Kelch ein Diamant ins Wasser. Der Frosch spuckte einen Rubin auf das trockene Gras. Ein Mohr legte darüber einen goldenen Läufer. Ein schwarzer Kater setzte sich auf diesen Läufer und zerging in Klagetönen, die durch eine zarte Flöte begleitet wurden. Ein Kanarienvogel hob seinen Schwanz und schlug ein buntes Rad, wonach er von vielen für einen kleinen Pfau gehalten wurde. Aus seinem Kopf aber stieg von Zeit zu Zeit ein kompaktgraues Wölkchen, und jedes Mal ließ sich dabei eine tiefe Glocke hören. Der neue, ganz junge, dünne Mond.

WINTERTRAUM

Mit bestimmter Genauigkeit, mit genauer Bestimmtheit, wie eine Schneeflocke, erhaben und armselig, klanglos klingend wie eine Fanfare in der Luftlosigkeit – so fiel vom Himmel eine aschgraue Wolke. Ihre Ränder waren etwas nach oben gehoben – Luftdruck, ihre Mitte nach unten durchgedrückt – Druck des gerade mittendrin sitzenden mausgrauen Elefanten. Er saß artig und nachdenklich und stützte den Kopf, seinen Kopf auf den Rüssel. Sei – nen Kopf a – auf den Rü – ssel. Seinen. Die Luft roch etwas nach Chloroform. Und durch den braunen Sumpf müden Schrittes wanderte ein schwarzes, rippenmageres Pferd, das nur einen weißen Fleck hatte – links vorne am Schulterblatt. Und mittendrin war eine sehr kleine Wunde. Um das Pferd herum sprang ein weißes Kaninchen. Es bewegte die bewegliche, nasse Nase zu allen Seiten, und oft leuchteten durch die gespaltene Lippe die gelben, langen Zähne. Lippe! Lippe!! Lippe!!!
Aus dem kleinen, runden dunkelgrünen Weiher flog ein grellgrüner Frosch heraus, so wie ein Orangenkern herausfliegt, wenn man ihn fest, fest zwischen zwei Fingern drückt. Der Frosch flog schnell in die Höhe und wurde immer größer. Der Klang seines Fluges war erst dünn wie ein Schnakengesang. Wurde aber stets und schnell, schnell dicker. Er ging in die Tiefe zurück. Als der Frosch an den Wolken war und wie eine grüne Riesensonne den hellen Himmel bedeckte, war der Klang des Fluges wie eine Sturmglocke. Kla – ang des Flu – uges. Flu – u – u – uges. Ge – e – e – es.

    Die Wurzel muss heraus.
    ....
    ....
    Oh, du selige Mücke! Liebe,
    liebe Mücke.

SCHÖNES

In einem grünen Boot auf grünem Wasser sitzen zwei nackte Männer mit grünen Badehöschen. Sehr malerisch!
Als mir vorgeschlagen wurde, alles mal mit Geschmack zu verändern, konnte ich nach langer Anstrengung nichts besser erfinden. Aber ganz besonders gefiel mir, dass der eine Mann blond war und helle Haut hatte und der andere Mann schwarzhaarig war und dunkle Haut hatte. Umgekehrt wäre es nicht schön!
Und so sitzen sie noch heute da – zwei nackte Männer mit grünen Badehöschen im grünen Boot auf grünem Wasser.

WAHRHEIT

Ich habe bemerkt, dass es beim Regnen immer tropft. Der Regen ist eigentlich nichts anderes als dünne oder dichte Tropfen. Davon wird alles, was dem Regen ausgesetzt ist, nass – zum Beispiel der Mensch, wenn er keinen Schirm hat. Wenn er aber einen Schirm hat, so spannt er den Schirm beim Regen auf. Und dann wird nicht der Mensch, sondern der Schirm nass. Deshalb heißt dieser Schirm: Regenschirm.
Ich freue mich, dass ich eine Wahrheit kenne, die, soviel ich weiß, bis jetzt von niemandem bestritten wurde.
Ich freue mich riesig, dass ich gut beobachten und gut denken kann. So hoffe ich im Stillen, mit der Zeit auch etwas Wahres zu entdecken.

DAS MASZ*

- Von hier bis dort ist dreieinhalb.
- Von dort bis hier vier und ein Achtel.
- Autsch! Autsch!
- Wozu die Sonne vermessen?
- Von hüben bis drüben neunundsiebzig und drei Elftel.

МЕРА // Отсюда до сюда три с половиной. / Оттуда до этого четыре с восьмой. / Больно! Больно! / Зачем меряют солнце? / А отселева доселева семьдесят девять и три одиннадцатых.

UND

Eine schwarze, lange, hochrädrige, kurzhalsige Lokomotive lag auf der Seite im Schnee. Sie war entgleist.
Der weiße, ganz dünne Schnee fiel fast faul auf ihre linke Seite und blieb liegen. Er blieb angeschmolzen.
Ein alter Rabe, groß wie ein Dackel, setzte sich vorsichtig in diesen doch noch dünnen Schnee auf der Lokomotive, machte den Schnabel auf, bewegte etwas die Flügel und sank zusammen.
Er war gestorben. Ein großer Mohr mit hungrigen Augen und hohem weißen Kragen näherte sich ziemlich unentschlossen der Lokomotive, nahm den schwarzen Zylinderhut ab und wischte sich den Schweiß von der Stirn mit dem Rücken der linken Hand. Es war ihm heiß.

И // Черный длинный, высококолесный. короткошеий локомотив лежал на боку в снегу. Он сошел с рельсов. / Белый очень мелкий снег падал почти лениво на его ленивый бок и оставался без движения. Он не таял. / Старый ворон величиной с таксика сел осторожно на этот все же не плотный снег на локомотиве, открыл клюв, шевельнул крыльями и упал на бок. Он умер. / Большой негр с голодными глазами и высоким белым воротником приблизился к локомотиву, снял свой черный цилиндр и вытер со лба пот верхней стороной левой руки. Ему было жарко.

RÜCKKEHR

Das Tor ging auf und ein junger Mann trat ein. Er sah sich wieder in seiner Heimat. Nur der Himmel war nie mehr blau, nie mehr grau. Nie ging mehr eine Wolke auf und ab. Der Himmel war schwarz, glattschwarz mit großen, darauf zerstreuten durchsichtig purpurroten Flecken. Und es gab keine Bäume mehr mit zitterndem Laub und stechenden Nadeln. Alle Bäume waren gleich und trugen auf den weißen, glatten Stämmen kugelrunde, glänzende, glatte Kuppelkronen. Und die Erde war glatter grauer Stein – kein Riss, keine Furche. Und die Gebäude waren alle kubikartig aus dünnem Glas gegossen, so dass in den Gebäuden die Menschen sichtbar waren und durch die Gebäude – die Ferne. An jedem Gebäude lag ein schwarzer Stein.

Der junge Mann suchte sein Haus. Er ging von Haus zu Haus und jedem Haus, dem er sich näherte, ging ihm ein Mann entgegen und wiegte schweigend durch das dünne Glas sein Haupt von rechts nach links. So ging der junge Mann von Haus zu Haus, von Haus zu Haus. Und kam an ein hohes Haus, ein sehr hohes Haus, das schmal war und blau und weiß. Dieses Haus war sehr hoch, sehr schmal und blendete sehr. In dieses Haus ging der junge Mann hinein, da es sein Haus war, und da es hoch und schmal und weiß war.

GEHEIMER SINN

Tausende von Würmern fügten sich der Mode. Sie unterordneten sich mit Tränen der neuen Ordnung. Hier bewegen sich manche in Paaren nach rechts und links und auch nach oben und unten. In langen, wurstartigen Massen schleudern sich viele zum Schritt. In langen würstelartigen Massen können andere viele Kreise in der Luft machen und manches Notwendige packen. Und wieder zittern nicht so viele in Klumpen und messen die Zeit mit Schlägen. Und die anderen, nicht so vielen zermalmen in Sackform die gute Nahrung. Das tun sie gern. Es ist ihnen gleich, was sie bilden. Wohin führt sie gepresst die neue Ordnung? Ist das die Krone oder das Gefängnis?

WUNDER

1. – Sitzt auf dem Hügel noch immer der Bauer, welcher …
2. – Aber freilich sitzt er noch da!
3. – Hat er noch den grünen Hut auf, welcher …
4. – Aber freilich hat er noch den Hut auf!
5. – Steht noch die gelbe Birke hinter ihm, welche …
6. – Aber freilich steht die Birke noch da!
7. – Zittern auf der Birke noch immer die Blätter, welche …
8. – Aber freilich zittern noch die Blätter!

GESCHEITER GEIST*

Vergessene Angel morgens gesunken.
Gans gluckste mit giftigem Essig.
Gulaschsuppe vergor wie eine Gabelung.
Schlange aß gegen Abend einen getöteten Guppy.
Ungetüm schlug um sich mit engem Bügeleisen.
Gasse erwürgte getrübt ein Hurra.

УМЕСТНЫЙ УМ // Уда уединенная упала утром. / Утка ухнула уксусным укусом. / Уха ухудшилась угарным углом. / Уж ужинал убитым угрем. / Урод ударил узким утюгом. / Уныло улица удавила ура.

KLEINE WELT

Hier gerade. Dort etwas gebogen. Weiter zackig. Ohnmächtig an der vierten Stelle. An der fünften mitlaufend. Sichere zitternde Hand weiß schon, woran es liegt. Kleine Winkelchen hier. Dort ein weißer, weiter ein schwarzer Kreis. An der neunten Stelle Zusammenstoß. An der zehnten Krausen. Sofort an ihnen kleine Striche, etwas dick. An der elften und zwölften Punkte in Ecken. An dem Schwarz der zweiten Ecke dünne Striche. An der dreizehnten Zweistimmiges. An der vierzehnten – Unbeschreibliches.

Aaran. Aachen. Aaran. Aachen……
Aachen. Aaran. Aachen. Aaran……
Sonderbar.

Der Blitz blitzt. Der Knips knipst.
Der Blitz knipst. Der Knips blitzt.
Der knipsende Blitz knipst.
Der blitzende Knips blitzt.
Der knipsende Blitz blitzt.
Der blitzende Knips knipst.
Wie immer: alles in allem.

DER MOHR

1. Der dunkle Mohr.
2. Der helle Mohr.
3. Der schwarze Mohr.
4. Der weiße Mohr.
5. Der grünliche Mohr.
6. Der bläuliche Mohr.
7. Der rötliche Mohr.
8. Der rosa Mohr.
9. Der brau – ne Mohr.
10. Der vi – o – lette Mohr.
11. Der gelbe Mohr.
12. Der gelbliche Mohr.
13. Der li – la Mohr.
14. Bloß kein grauer.

НЕГР // Темный негр. / Светлый негр. / Черный негр. / Белый негр. / Зелененький негр. / Голубенький негр. / Красненький негр. / Розовенький негр. / Синенький негр. / Ко-рич-не-вый негр. / Фи-о-ле-то-вый негр. / Желтый негр. / Желтенький негр. / Ли-ло-вый негр. / Только серого нет.

SILBEN

Ei! Eichhörnchen! Ei – eich – hörnchen.
Ei – ei! – ch – h – örn – chen!
Ei – ei – ch – h – örn – ch – en !!

Lili! Sieh: – ein Liliputaner!
Lili! Lili – putaner!
Lili – lili – put – anehr.
Lili! Ahnst du, „put" lili? Er?
Li – li – li – li – put! – an – er!!
      Er: r – r – r – r – r……!!!

Lamprecht ballt Lampe
Lapis lasuri langer Laden
Lachs lacht
Lamm

VIER*

1. Lawrentij, Lawren-ti-i-ij, Law-ren-n-n-ti-j-i-ij, drehweg, dreh weg dein Ohr, Ohr, Ohr, O-o-o-o-ohr-r-r-r-r-r von der Fjok-l-l-l-l-l-a-a-a-a-a!

2. Vom Berg rollte ein falbes Pferd hinunter. Schlug mit seinem Hufe drei Kiefern, zwei Tannen und eine Birke weg. Wälzte sich unten auf dem Rücken. Seine Mähne voll Kletten. Sprang auf und spitzte die Ohren. An seinem Schweif hing eine Baumwanze. Vom Berg schaut ein weißer Mühlengaul, schüttelt den Kopf, zuckt mit dem Schweif.

3. Ru-he, Ru-dolf, Ru-hi-ger!

4. Lukerja setzte sich possierlich unter den Baum. Verdrehte die Augen in Trauer, dachte nach über eine Mauer, ein Mäuerchen, Gemäuer.

1. L-l-l-law-ren-n-n-n-tij, Law-w-w-wren-ti-i-i-i-ij. Dreh dein Ohr we-e-e-e-eg!

2. Ein Spinngewebe hing an der Sonne, verbrannte nicht, sprang auf den Mond hinüber, flog nicht hinüber, drei Sterne rollten darüber, hin und zurück, fielen nicht herunter, purzelten nicht weg. Von dem einen tropft es grün. Von dem anderen braun. Von dem dritten bleiern. Fallen sie ins Wasser – zischen sie. Auf die Erde – …

3. Rudolf, wo ist dein Dorf?

4. Spreizte die Arme ungelenk, den Kopf zurückgeworfen, die Augen gesenkt, die Ohren aufgesperrt. Das Säckchen liegt an der Seite.

1. Law-ren-tij.

ЧЕТЫРЕ // 1. Лаврентий, Лаврен-ти-и-ий, Лав-рен-н-н-ти-й-и-ий, от-вра-ти, отврати ухо, ухо, ухо, у-у-у-у-ухо-о-о-о от Фек-л-л-л-л-л-ы-ы-ы-ы-ы! // 2. С горы покатилась лошадка буланая. Сбила копытом три сосны, две ели, одну березу. Внизу на спине повалялась. В гривку репейники набились. Встала, ушами прядет. К хвосту лесной клоп прилип. А с горы смотрит белая водовозка, головочкой трясет, хвостом подрагивает. // 3. Ти-ше, Ти-ша, по-ти-ше! // 4. Потешно под деревцом Лукерьюшка расселась. В тоске глаза завела, о доске задумалась. Ох, доска моя, досонька, дощечка славная. // 1. Л-л-л-лав-рен-н-н-н-тий, Лав-в-в-врен-ти-и-и-ий, ухо о-о-о-отврати! // 2. За солнце паутинка зацепилась, не сгорает, на луну перекинулась, не перелетела, три звезды по ней взад-назад катаются, не обрываются, не спотыкаются. С одной капают капли зеленые. С другой бурые. С третьей свинцовые. В воду упадут – зашипят. На землю – … // 3. Тимоша, где твоя ноша? // 4. Ненужно как-то руки расставила, голову закинула, глаза опустила, уши развесила. А мешочек в стороне лежит. // 1. Лав-рен-тий.

SONETT

Laurentius, hast du mich gehört?
Der grüne Kreis platzte. Die gelbe Katze leckte immerfort an ihrem Schwanz.
Laurentius, die Nacht ist nicht eingebrochen!
Kukumismatische Spirale schnellte aufrichtig in der richtigen Richtung.
Der violette Elefant hörte nicht auf, sich mittels seines Rüssels zu besprengen.
Laurentius, das stimmt nicht. – Stimmt es nicht?
Labusalututische Parabole fand weder ihren Kopf, noch Schwanz. Das
rote Pferd schlug, und schlug, und schlug, und schlug immer aus.
Laurentius, nandamdra, lumusucha, dirikeka! Diri – kekat. Di – ri – ke – ka!

ZWIELICHT

Im Kreis saßen einige Menschen.
Nach langem Schweigen waren ihre Stimmen heiser.
Da sagte einer:
      — „Sicht auf den Zweck."
Es kam ein langes Schweigen.
Da sagte ein anderer:
      — „Sicht auf das Zwecklose."
Und ein dritter:
      — „Glatt machen!"
Hier schwiegen sie alle lange. Man könnte
fast annehmen, dass es glatt wurde.
Und ein vierter:
      — „Rau machen!"
Da lachten sie mit rauen Stimmen.
Und der fünfte im tiefen Bass:
      — „Da capo!"
So wusste man, dass es fünf waren,
und ging weiter.

NIL EXTRA

1 Adalbert, fühlst du die Kühe in Fülle?
2 Nicht an der ganzen Stelle stelle den Stern.
3 Unmündig rasseln ra-ra-tu-ra die Türen.
4 Ei! welch' Tulpen Krieg Nomina und höchste kad-u-jungerster.
5 ....
6 ....
7 Von Ferne enger klingt die Stimmenstange.
8 Stimmenstange. Und der Ball des
9 Baders, der keine banalen Bananen
10 benennen bewandt bewundern belagern
11 legen log.

POESIE*

Die Blüten der Poesie sind überall verstreut.
Versuch', sie zu einem immergrünen Kranz zu flechten.
Du bist gefesselt, trotzdem bleibst du frei.
Du bist allein, trotzdem bist du nicht einsam.

ПОЭЗИЯ // Цветы поэзии рассеяны в природе. / Умей их собирать в невянущий венок, / И будь хоть скован ты, но будешь на свободе, / И, будь хотя один, не будешь одинок.

SCHWEIGEN*

Schweig', schweig'! Erhofftes und Gewünschtes
An Menschen zu verschleudern ist illusorisch.
Das Schweigen ist die schwierigste der Künste,
Und selig ist, der's zu beherrschen weiß.

Schweig', schweig'! Verberge deine Schmerzen,
Sprich nicht von deinen heimlichen Vergnügen.
Bewahre einen kühlen Kopf in glücklichen Momenten,
Und wenn die Stunde kommt, geh einfach – aber geh!

МОЛЧАНИЕ // Молчи, молчи! Все чувства и желанья / Перед людьми бесплодно расточать. / Искусство всех труднейшее молчанье, / Зато блажен умеющий молчать. // Молчи, молчи!.. Скрывай свои мученья, / О радостях своих не говори: / Бесстрастен будь в минуту наслажденья, / И, час придет, – без жалобы умри!

SPÄTHERBST*

Der Wald entblättert, gehüllt in dickem Nebel,
Vergilbte Halme, gefrorenes, verwelktes Gras,
Herbstdämmerung, so früh auf die Erde niedergegangen,
Das Laub unter den Füßen ist trocken, vermodert, raschelt.

Das kranke, machtlose Gefühl des Zweifelns,
Ein trauriger Gedanke an die bittersüßen Träume,
Das Herz und die Natur sind miteinander einig,
Ein Lied der Stille, Finsternis, ein Lied ohne Worte.

ПОЗДНЯЯ ОСЕНЬ // Лес обнаженный, окутанный дымкой тумана, / Желтые стебли замерзшей, увядшей травы, / Сумрак осенний, сошедший на землю так рано, / Шум под ногами засохшей, гниющей листвы. // Чувство больное, бессильное чувство сомненья, / Думы печали и горьких утраченных снов, / Сердца с природой звучащее в тон единенье, / Песня молчанья и мрака, песня без слов.

WASSILY KANDINSKY
**VERGESSENES OVAL.
GEDICHTE AUS DEM NACHLASS**

_ NACHWORT

_ LEBEN & ZEITGESCHICHTE

DAS WORT IN RAUM UND ZEIT
NACHWORT _ *Alexander Graeff*

Der kleine Wasja, ein sensibler Bub, der sich schon früh fürs Zeichnen und Musizieren begeistern konnte, wuchs behütet als einziges Kind in einer adligen Familie auf. Sein Vater war der Ritter Vasily Silvestrovic Kandinsky, dessen Vorfahren aus Westsibirien stammten, von dort aber verbannt worden waren. Ritter Vasily Silvestrovic Kandinsky ließ sich schließlich als Teehändler in Moskau nieder und heiratete dort Wasjas Mutter, Lidija Tichejewa. Die gute Stellung des Vaters ermöglichte der kleinen Familie ein großbürgerliches Leben: Kunst und Musik waren allgegenwärtig, und Wasjas Vater besaß Ambitionen als Maler.

Viel später, als sich Wasja schließlich Wassily Kandinsky nannte, erzählte er immer noch gerne die Geschichte seiner Urgroßmutter, die eine mongolische Prinzessin war und nach Westsibirien verheiratet wurde.[1] Dieser Nachfahre von Prinzessinnen und Rittern ist vor allem berühmt geworden als Schöpfer abstrakter Malerei und Grafik. Dass er am Bauhaus und anderswo auch leidenschaftlich unterrichtete, ist mittlerweile weitestgehend bekannt. Wassily Kandinskys Pädagogik und Bildungstheorie lässt sich in gleichem Maße wie bei seinen Bauhaus-Kollegen Johannes Itten und Paul Klee nachzeichnen und kann reformpädagogisch genannt werden.[2]

Das Bauhaus unter Walter Gropius war nicht einfach nur eine Schule für Kunst und Kunstgewerbe, sondern ein von unterschiedlichen Anschauungen durchdrungenes Diskursfeld – ein innovatives und reformerisches Experiment zur gleichwertigen Doppelqualifikation in Kunst und Handwerk, vor allem aber eine „Republik der Geister"[3], wie es Gropius bezeichnete. Gropius ging es im Bewusstsein reformpädagogischer und volkserzieherischer Ansätze vor allem darum, unterschiedliche Anschauungen an einem Ort des Lernens und Lebens zur Einheit zu bringen. Diese Anschauungen bewegten sich zwischen bildungsidealistischen, klassisch-humanistischen Vorstellungen und sozialutopischen Ansichten mit zum Teil neureligiösen und esoterischen Tendenzen. Die esoterischen Bezüge, wie etwa okkulte Erklärungsmuster für die Wirkung von Farbe und Form, wurden dabei keinesfalls als Kontrast zu den Konzepten humanistischer Klassiker und den utopischen Volkserziehungsgedanken gesehen, sie ergänzten vielmehr die Rezeption Nietzsches, Fichtes, Pestalozzis oder Goethes. Nachdem Gropius 1928 als Direktor

---

1 Vgl. Kleine 1998, S. 121.
2 Vgl. Graeff 2013, S. 236ff.
3 Zitiert nach Droste 1993, S. 22.

ausschied, gewannen mehr utilitaristische Positionen an Boden. Allen voran war es der neue Direktor Hannes Meyer, der ins intellektuelle Klima eines künstlerisch ausgerichteten, geistigen Synthese-Prinzips auch funktionalistische Vorstellungen einbrachte. Kandinsky wehrte sich vehement gegen derartige Positionen – nicht nur bei den Versammlungen der Bauhaus-Meister, sondern vor allem in seinen kunst- und gesellschaftskritischen Texten.

Was den wenigsten bis heute bewusst ist: Kandinsky war gleichfalls ein produktiver Schriftsteller. Er übte sich in nahezu allen literarischen Gattungen, schrieb gesellschaftskritische und kunsttheoretische Sachbücher ebenso wie philosophische Abhandlungen, Kritiken, Theaterstücke – und Gedichte. Seiner nationalökonomischen Dissertation über Mindestlöhne im Jahr 1893 sowie einigen ethnografischen Artikeln über die Permjaken und Syrjänen ab 1889 in russischer Sprache folgten nach seiner Übersiedlung nach München 1896 zahlreiche Arbeiten über Kunst, Künstler und Kunstpolitik auf Deutsch. Das Schreiben war für ihn keine Nebenbeschäftigung und weit mehr als eine persönliche Liebhaberei. Er selbst identifizierte sich mit der Rolle des Autors, insbesondere in der Zeit zwischen 1909 und 1915.[4] In dieser Zeit erschienen neben zahlreichen Einzelarbeiten in deutschen und russischen Zeitschriften, im Piper Verlag sein berühmtes kunsttheoretisches Werk *Über das Geistige in der Kunst* (1912) sowie im selben Jahr *Der Blaue Reiter Almanach,* dicht gefolgt von seinem Gedichtband *Klänge.*

Kandinskys Sachtexte behandeln – inspiriert von theosophischen Autor_innen wie Rudolf Steiner und Helena Blavatsky ebenso wie von Hegels Idealismus – die Vision einer neuen, gegenstandslosen Kunst und einem dieser Kunst entsprechenden spiritualistischen Kulturimpuls. Der Spiritualismus sieht die Welt, die Geschichte und Kultur im Gegensatz zu materialistischen Ansätzen auf der Basis geistiger Wesen hervorgebracht: Er verweist auf die Möglichkeit und Wirklichkeit des Geistes, geistiger Prinzipien und auf die Geistigkeit des Seins. Als Philosophem wurde der Spiritualismus oft als Kontrastfolie zum Materialismus verwendet und bezeichnete bis weit ins 19. Jahrhundert hinein eine philosophiegeschichtliche Ordnungskategorie für die These von der Immaterialität der Seele. Blavatsky, Steiner und auch Kandinsky teilten derartige Auffassungen.

In Anlehnung an die Theosophie seiner Zeit sah Kandinsky also die gesamte Kultur sich einer „Epoche des Großen Geistigen" zubewegen, deren erste Verkündigung durch die abstrakte Malerei vorgenommen werden sollte. Seine philosophische Selbstvergewisserung war daher auch gekennzeichnet durch eine konsequente Ablehnung des Materialismus und eine Zuwendung zu Spiritualismus und Idealismus.

---

4 Vgl. Marcadé 2007, S. 671.

Beim Schreiben belletristischer Texte interessierten ihn vorrangig Experimente mit dem Klang von Worten sowie kurze narrative Szenen mit unverkennbarem „Hang zum Absurden"[5].

Es verwundert nicht, dass die Dadaisten seiner Zeit von Kandinskys Texten begeistert waren. Auch der Dadaismus zeichnete sich durch die Kritik an gängigen Machtgefügen, an Wissenschaftsgläubigkeit und Materialismus aus. Die Prosagedichte aus *Klänge* wurden vom Mitgründer der Dada-Bewegung und Pionier des Lautgedichts Hugo Ball im berühmten Zürcher Stammlokal der Dadaisten, dem *Cabaret Voltaire*, vorgetragen. In seinem am 7. April 1917 ebenso im *Cabaret Voltaire* gehaltenen Vortrag über Kandinskys Kunst behauptet Hugo Ball:

> Kandinsky ist Befreiung, Trost, Erlösung und Beruhigung. […] Kandinsky ist einer der ganz großen Erneuerer, Läuterer des Lebens. […] Seine Vitalität erfaßt gleicherweise die Musik, den Tanz, das Drama und die Poesie. Seine Bedeutung beruht in einer gleichzeitig praktischen und theoretischen Initiative. Er ist der Kritiker seines Werkes und seiner Epoche. Er ist der Dichter unerreichter Verse, Schöpfer eines neuen Theaterstils, Verfasser einiger der spirituellsten Bücher, die die neue deutsche Literatur aufzuweisen hat.[6]

Hugo Ball bezeichnete Kandinsky als Ersten, der „den abstraktesten Lautausdruck"[7] gefunden habe. Auch der Dadaistenkollege Hans Arp pries Kandinsky als Dichter, der erstmalig auch konkrete Gedichte verfasste.[8] Der Verweis auf das Konkrete wird getragen von der Vorstellung, dass Literatur nicht nur eine die Zeit abbildende Kunst darstelle, sondern auch eine sei, die sich visuell und räumlich zeige. So gesehen kann die Literatur nicht nur aktuelle Zeitsprache sein, sondern selbst auch sprachliche Räume durchdringen, um die Beziehung zwischen gesellschaftlichem Bewusstsein, Zeitgeist und Kunst bespiegeln und verknüpfen zu können.[9]

Die Vorstellung einer Verknüpfung von Kunst und Leben entsprach einem Trend der Klassischen Moderne – auch Kandinsky war bemüht um eine Rückbindung der durch Akademismus, Historismus und Materialismus den Menschen entfremdeten Kunst an alltägliche, „ganzheitliche" Lebenswelten. Neben „Ganzheit" und „Einheit" war „Synthese" ein Kampfbegriff der Zeit, den Kandinsky in seine gesellschaftskritischen und kunstphilosophischen Überlegungen integrierte. Im Begriff der Synthese kulminiert bei Kandinsky die Vorstellung, dass nur durch einen Dualismus ein Zustand erreicht werden kann, der aus der Verschränkung von Materie und

---

5   Marcadé 2007, S. 674.
6   Ball 1917, S. 45.
7   Ball 1917, S. 53.
8   Vgl. Döhl 1990, S. 251.
9   Vgl. Gomringer 1954, S. 156.

Geist, von Inhalt und Form, etwas Neues hervorbringen könne. Kandinskys Spiritualismus geht mit seinem dualistischen Denken einher: Für ihn besteht die Wirklichkeit im Ursprung als durch einen absoluten Geist hervorgebracht. Die Materie spielt dabei die Rolle einer Entität, in der sich der Geist durch die Form offenbart hat – der Einfluss Hegels wird deutlich. Materie existiert folglich neben der geistigen Entität. In seinem in der ersten Bauhaus-Anthologie *Staatliches Bauhaus in Weimar 1919–23* erschienenen Beitrag *Über die abstrakte Bühnensynthese* zählt Kandinsky 1923 die für die Synthese – jenen „verborgene[n] Magnet[en]" – entscheidenden Künste auf und schreibt über die Rolle der Dichtung:

> die Dichtung – stellt das menschliche Wort in der **zeitlichen und räumlichen Ausdehnung** zur Verfügung.[10]

Die Hervorhebung des Wortes als Träger eines sprachlichen Raum- und Zeitbewusstseins zeigt ein zentrales Element im Schreiben Kandinskys. Seine Prosagedichte kreisen um konkrete Begriffe, meist Substantive, die zugleich Motive seiner visuellen Beobachtung darstellen. Sowohl in *Klänge* als auch in den Texten aus *Vergessenes Oval* befinden sich mitunter dieselben Motive, die sich in einer Reihe von sich in beiden Bänden wiederholenden Wörtern zeigen. Das titelgebende Gedicht *Klänge* teilt z. B. besagte Motive mit dem in diesem Band befindlichen Gedicht *Abend* – beide Texte sind um 1910/11 entstanden.

KLÄNGE

Gesicht.
Ferne.
Wolke.
….
….
Es steht ein Mann mit einem langen Schwert. Lang ist das Schwert und auch breit. Sehr breit.
….
….
Er suchte mich oft zu täuschen und ich gestehe es: Das gelang ihm auch — das Täuschen. Und vielleicht zu oft.
….
…..
Augen, Augen, Augen … Augen.
…..
…..

---

10 Kandinsky 1923, S. 82. Hervorhebung A.G.

Eine Frau, die mager ist und nicht jung, die ein Tuch auf dem Kopf hat, welches wie ein Schild über dem Gesichte steht und das Gesicht im Schatten läßt.

Die Frau zieht am Strick das Kalb, welches noch klein ist und wacklig auf den schiefen Beinen. Manchmal läuft das Kalb hinterher ganz willig. Und manchmal will es nicht. Dann zieht die Frau das Kalb am Strick. Es beugt den Kopf und schüttelt ihn und stämmt die Beine. Aber die Beine sind schwach und der Strick reißt nicht. Der Strick reißt nicht.

…..
…..

Augen schauen aus der Ferne.
Die Wolke steigt.

…..
…...

Das Gesicht.
Die Ferne.
Die Wolke.
Das Schwert.
Der Strick.[11]

Der Beziehung zwischen *Klänge* und *Vergessenes Oval* ist eminent, zeigt aber auch, dass Motive wie Mann, Haus, Hügel oder Wolke Kandinskys jahrelange Begleiter waren. Manche Themen und Motive lassen ihn zeitlebens nicht los – auch in der Malerei. Sie spiegeln sein Denken gerade nicht als Repräsentanten eines die Materie abbildenden Naturalismus, sondern verweisen auf Erscheinungen des Geistes in ihrer materiellen Gestalt, die dann in ihrer jeweiligen Komposition – ein wandernder Mann nähert sich einem Haus auf dem Hügel, darüber die Wolken – einen konkreten über-sinnlichen Wert aufzeigen sollen: Der Mensch als ein sich beständig bewegendes und veränderndes Wesen (der wandernde Mann) agiert mit seinen eigenen Erzeugnissen (das Haus) und unter der Anwesenheit einer alles durchdringenden geistigen Macht (die Wolke). So greift Kandinsky etwa auch die Szene im Kreis sitzender Personen in seinem 1920 verfassten Gedicht *Zwielicht* wieder auf. Das Motiv verarbeitete er bereits um 1911 in dem in *Klänge* publizierten Text *Lied*.

LIED

Es sitzt ein Mann
Im engen Kreis,
Im engen Kreis
Der Schmäle.
Er ist vergnügt.
Er hat kein Ohr.
Und fehlen ihm die Augen.
Des roten Schalls
Des Sonnenballs

---

11 Kandinsky 1912 zitiert nach Napier 1981, S. 125.

> Er findet keine Spuren.
> Was ist gestürzt,
> Das steht doch auf.
> Und was nicht sprach,
> Das singt ein Lied.
> Es wird der Mann,
> Der hat kein Ohr,
> Dem fehlen auch die Augen
> Des roten Schalls
> Des Sonnenballs
> Empfinden feine Spuren."[12]

Systematisch lassen sich aus dem Textbestand von Kandinskys Gedichten vier zentrale, sich wiederholende Stilelemente herausarbeiten:

(1) OPPOSITION.

Die Gedichte Kandinskys spielen mit motivischen Gegensätzen.[13] Er verwendet häufig Oppositionspaare, was sich mit dem philosophischen Dualismus seines Weltbildes deckt. Dem von ihm favorisierten Spiritualismus setzte er stets den opponierenden Materialismus gegenüber. In letzterem sah Kandinsky sogar eine große Gefahr für die Realisierung seiner „Epoche des Großen Geistigen". Diese Gegensätze werden insbesondere auch in der Verwendung kontrastierender Farben wie Schwarz und Weiß oder Grün und Rot deutlich. Das zeigt sich nicht nur im malerischen Werk, auch in den Texten von *Vergessenes Oval* spielen Farbkontraste eine zentrale Rolle, z. B. in *Auch so* oder *Und*.

Ebenso markieren bestimmte Formen für Kandinsky Gegensätze oder überwinden sie. Das Oval z. B. besitzt bei ihm eine verbindende Aufgabe. Im Gedicht *Auch so* in diesem Band heißt es: „Zum entsetzlichen Abschied da oben auf dem Fernweg das braune vergessene Oval. Es hat den Regenbogen verschluckt."

Kandinsky scheint in diesen Zeilen das Fehlen eines verbindenden Elements der Kultur, der Zeit und des Raumes, zu bedauern. Ein entsetzlicher Abschied von der Synthese. Vor dem Hintergrund seiner kunsttheoretischen Schriften können die Form, das Oval als auch die Farbe Braun als Sprach- bzw. Bildsymbole dekodiert werden. Braun entsteht durch die Verbindung der Komplementärfarben Grün und Rot oder Blau und Gelb. Braun verbindet. In seiner 1926 erschienenen kunstpädagogischen Bauhausschrift *Punkt und Linie zur Fläche* bezeichnet Kandinsky den „gleichmäßig zusammengepreßten Kreis", das Oval, als Übergangsfläche von der „planmäßig[en]" „Grundfläche" des Kreises zu „freien Grundflächen"[14].

---

12   Kandinsky 1912 zitiert nach Napier 1981, S. 128.
13   Vgl. Marcadé 2007, S. 673.
14   Kandinsky 1926, S. 164.

Das Oval ist somit auch ein Verbindungselement, nämlich der Gegensätze „planmäßig" und „frei".

(2) KREISBEWEGUNG.

Charakteristisch für die Gedichte aus *Klänge* wie auch für die aus *Vergessenes Oval* sind die Kreisbewegungen der Sprache.[15] An dem Gedicht *Anders* aus *Klänge* wird dies deutlich.

ANDERS

Es war eine grosse 3 -- weiß auf dunkelbraun. Ihr oberer Haken war in der
Größe dem unteren gleich. So dachten viele Menschen.
Und doch war dieser obere
                          etwas, etwas, etwas
größer, als dieser untere.
Diese 3 guckte immer nach links -- nie nach rechts. Dabei guckte sie auch etwas
nach unten, da die Zahl nur scheinbar vollkommen gerade stand. In Wirklichkeit,
die nicht leicht zu bemerken war, war der obere
                          etwas, etwas, etwas
größere Teil nach links geneigt.
So guckte diese grosse weiße 3 immer nach links und ein ganz wenig nach
unten.
Es war vielleicht auch etwas anders.[16]

(3) ITERATION.

Kandinskys Prosagedichte leben von der Wiederholung bestimmter Wörter und zentraler Motive. So wie er nie müde wurde, sich für seine Vision zu engagieren und gegen den Materialismus anzuschreiben, so scheint auch der Einsatz konkreter Begriffe in seinen Prosagedichten gebetsmühlenartig bestimmte Motive zu verstärken. Diese Motive sind: Klang, Berg, Ohr, Glocke, Kreis, Mann, Haus, Hügel, Wolke, Stein, Augen, Tisch und Gesicht. Wörter, die nochmals belegen, dass viele Texte aus *Klänge* Motive, Szenen und Themen mit den Texten aus dem vorliegenden Band teilen. Die Wörter werden durch ihre Wiederholung extrapoliert und aus dem Fließtext herausgehoben, ein Stilelement, wie es viel später in der konkreten Poesie Anwendung findet und so das einzelne Wort als „Größe" erscheinen lassen soll, wie es der Begründer der konkreten Poesie Eugen Gomringer definiert.[17] Auf inhaltlicher Ebene werden darüber hinaus auch mehrdeutige Wörter verwendet, etwa im Gedicht *Drei Zimmer* in diesem Band. Trotz grammatikalischer Eindeutigkeit denkt man beim hier erwähnten „Bauer" nicht nur an den Käfig

---

15 Vgl. Döhl 1990, S. 253.
16 Kandinsky 1912 zitiert nach Napier 1981, S. 126.
17 Vgl. Gomringer 1954, S. 159.

für den Kanarienvogel, sondern auch an einen Landwirt, der – folgen wir nur dem ersten Halbsatz – im Zimmer „hoch an der Decke hing".
Die Verwendung der Wörter steht Pate für Kandinskys Anspruch, die Dichtung als Raum- und Zeitkunst zu begreifen. Die Motive sind eng gebunden an sein Weltbild ebenso wie an kollektiven Zeitgeist und seine individuelle Vision.

(4) REDUKTION.

Verknappungen und Reduzierungen im Satz sind Stilmerkmale der konkreten Poesie, die Kandinsky scheinbar vorweggenommen hat.[18] Sie verweisen auf den Anspruch des Abstrakten bzw. Konkreten im allgemeinen künstlerischen Denken und Schaffen Kandinskys. „Konzentration und Einfachheit"[19] sind nicht nur die ästhetischen Wertkategorien der Nachkriegspoesie, sondern schon die der Kunst und des Designs der Klassischen Moderne. Die sprachliche Reduktion bei Kandinsky wird mitunter im Gedicht *Offen* aus *Klänge*, aber natürlich auch in vielen anderen Texten des vorliegenden Bandes deutlich.

OFFEN

Bald im grünen Gras langsam verschwindend.
Bald im grauen Kot steckend.
Bald im weißen Schnee langsam verschwindend.
Bald im grauen Kot steckend.
Lagen lange: dicke lange schwarze Rohre.
Lagen lange.
Lange Rohre.
Rohre.
Rohre.[20]

Kandinsky kann mit *Klänge* und den hier vorgelegten poetischen Arbeiten aus dem Nachlass als Vorläufer der konkreten Poesie gelten. Reinhard Döhl setzt sich ebenso für diese These ein, bezeichnet *Klänge* als „eine beachtenswerte Vorstufe"[21] der konkreten Literatur und zählt Kandinsky neben Hans Arp, Hugo Ball und Kurt Schwitters zu den Wegbereitern der konkreten Poesie etwa eines Eugen Gomringers.[22] Letzterer erwähnt Kandinsky in seinen Manifesten aus den Jahren 1954 und 1956[23] und hebt besonders Hans Arps Lob hervor, der die Prosagedichte aus *Klänge* 1951 wie folgt charakterisierte: (1) Kandinsky sei mehr um „sprachliche

---

18 Vgl. Döhl 1990, S. 253.
19 Gomringer 1954, S. 156.
20 Kandinsky 1912 zitiert nach Napier 1981, S. 122.
21 Döhl 1990, S. 252.
22 Vgl. Döhl 1990, S. 253.
23 Vgl. Gomringer 1954, S. 157 sowie Gomringer 1956, S. 161.

Demonstration" als um „symbolische [...] Redeweise" bemüht. (2) Sein Schreiben sei ein Schreiben „mit der Sprache" und keins „in" der Sprache.[24]
Das alles passt zu den Positionen der konkreten Poesie. Allein die Vorstellung, der Text funktioniere auch als Bild, als „Gedichtbild"[25], scheint den poetischen Experimenten Kandinskys entsprungen; die Verwendung von Strichen und Punkten – freilich alle bewusst gesetzt – spricht für diese Behauptung.
Ähnlich utopistisch wie Kandinskys gesellschaftskritisches Engagement vor dem Ersten und Zweiten Weltkrieg war, mutet indes auch das Eugen Gomringers nach dem Zweiten Weltkrieg an. Auch sein Denken kreist um „eine neue Ganzheitsauffassung", die sich in einer „synthetisch-rationalistischen Weltanschauung von morgen entfalten"[26] solle. Überdeutlich wird die Verbindung zwischen Kandinskys Vorstellung einer Dichtung als Gestaltung mit dem Wort in Raum und Zeit sowie Gomringers Ausführungen zur konkreten Poesie, wenn letzterer in der extrapolierten Verwendung des einzelnen Wortes und in der sogenannten „Konstellation", also der Gestaltung mit mehreren Worten, einen „Spielraum mit festen Größen" sieht. Gomringer denkt Dichtung auch als „Gestaltungsmöglichkeit"[27] und betrachtet so das Gedicht nicht nur als „Stellvertretung für Zeitsprache und Zeitgefühl"[28], sondern eben auch in seiner räumlichen Dimension.
Viele Ausführungen Gomringers lassen auf eine intensive Auseinandersetzung mit Kandinskys Gedichten ebenso wie mit seinen kunsttheoretischen Büchern schließen.

Ganz gleich zu welchen Überlegungen Kandinskys Werk im Verlauf der Jahrzehnte inspiriert hat, hervorzuheben ist seine ganz eigentümliche Art künstlerischen Schaffens. Das gilt für seine Malerei und Grafik genauso wie für sein Schreiben. Ähnlich skeptisch wie anfangs die Galeristen der Zeit seiner abstrakten Kunst gegenüberstanden, waren es auch die Verwerter des Literaturbetriebes gegenüber seinen Texten. Nicht selten zog Kandinsky einen Text zur geplanten Veröffentlichung zurück, da Verleger oder Lektoren ihm zurückmeldeten, dass sein Stil den gängigen Lesegewohnheiten nicht entsprach. Bevor schließlich der Verleger Reinhard Piper – nach umfassenden stilistischen Korrekturen – Kandinskys *Über das Geistige in der Kunst* 1912 veröffentlichte, bewarb Kandinsky sich zuerst beim Verlag Georg Müllers. Das Manuskript wurde wegen des Stils und zu vieler undeutlicher Wendungen abgelehnt.[29]

---

24 Vgl. Döhl 1990, S. 251f.
25 Gomringer 1956, S. 161.
26 Gomringer 1956, S. 162.
27 Gomringer 1954, S. 159.
28 Gomringer 1954, S. 156.
29 Vgl. Kleine 1998, S. 330.

Trotz Kandinskys Multidimensionalität im künstlerischen Schaffen und seinen Vorlieben für Experimente mit ungewohnten Ausdrucksformen (z. B. Poesie, Drama, aber auch Hinterglasmalerei und das wohl eher theoretische Interesse am Tanz), muss festgehalten werden, dass er sich schließlich auf eine Kunst fokusierte und dieser im Gegensatz etwa zum Schreiben von Gedichten den größten Teil seines Lebens widmete: der Malerei.

Die vorliegende Textsammlung *Vergessenes Oval* stammt aus einer Phase seines Lebens, in der er sich auch dem poetischen Ausdruck zuwandte. Sie umfasst russisch- und deutschsprachige Gedichte Kandinskys aus den Jahren 1885 bis 1920, vorrangig Prosagedichte sowie drei „Jugendgedichte". Der größte Teil der Sammlung besteht aus Arbeiten aus dem Nachlass Kandinskys, die dieser zwischen 1909 und 1912 verfasste. Diese Texte gehören zu einem umfangreichen Manuskript, aus dem Kandinsky schließlich 38 Arbeiten auswählte, um sie zusammen mit einigen Holzschnitten 1912 im Piper Verlag erschienenen Gedichtband *Klänge* zu veröffentlichen. Die in *Klänge* nicht veröffentlichten Texte aus besagtem Manuskript werden nun in *Vergessenes Oval* publiziert. Der zweite größere Textkorpus der vorliegenden Sammlung besteht aus Arbeiten nach Kandinskys *Klänge*-Veröffentlichung aus den Jahren 1913 und 1914. Ergänzt werden diese beiden Textteile um die in russischer Sprache verfassten „Jugendgedichte" *Schweigen, Poesie* und *Spätherbst*, die ab 1885 entstanden sind, und um das 1920 verfasste Prosagedicht *Zwielicht*. Vier Texte der Sammlung schrieb Kandinsky selbst auf Deutsch und Russisch. Er war es seit seiner Übersiedlung nach München nicht nur gewohnt, auf Deutsch zu schreiben, es war auch seine bevorzugte Ausdruckssprache für alle Arten von Texten – für Artikel und Sachbücher ebenso wie für die Gedichte. Sechs Texte, die Kandinsky nur auf Russisch verfasste, wurden für die vorliegende Ausgabe von Alexander Filyuta neu ins Deutsche übertragen. Diese sind die drei „Jugendgedichte" *Schweigen, Poesie* und *Spätherbst*, sowie *Maß, Gescheiter Geist* und *Vier*.

Für die Mithilfe zur Realisierung des vorliegenden Bandes bedanken sich die Herausgeber herzlich bei Christoph Vieweg, Helmut Friedel, Andrea Schmidt, Dominik Ziller, Jo Frank und bei dem Bauhaus-Archiv Berlin.

LEBEN & ZEITGESCHICHTE
1866—1944 _ *Wassily Kandinsky*

EREIGNISSE IM LEBEN KANDINSKYS		POLITISCHE UND GESELLSCHAFTLICHE EREIGNISSE
	1861	Beginn zahlreicher gesellschaftlicher Reformen unter Zar Alexander II., u. a. Aufhebung der Leibeigenschaft. Beginn der Industrialisierung Russlands.
16. DEZEMBER 1866 Geburt Wassily Kandinskys in Moskau als Sohn des aus Ostsibirien stammenden Teehändlers Wassily Kandinsky sen. und der aus Moskau stammenden Lidija Tichejewa.	1866	
Übersiedlung der Familie von Moskau nach Odessa. Kandinskys Eltern lassen sich scheiden. Er lebt von nun an bei seinem Vater, die Erziehung übernimmt die Schwester seiner Mutter, Jelisaweta Tichejewa, bei der Kandinsky Deutsch lernt. Sein Vater unterstützt den Sohn in seiner Begeisterung fürs Zeichnen.	1871	
	1877	Türkisch-Russischer Krieg, der überwiegend in Bulgarien ausgetragen wurde und mit dem Sieg Russlands über das Osmanische Reich endete.
	1881	Zar Alexander II. wird durch ein Bombenattentat in St. Petersburg getötet, auf ihn folgt Zar Alexander III.
Beginn des Studiums der Nationalökonomie und der Rechtswissenschaft an der Universität Moskau.	1885	
Zweimonatige Forschungsreise nach Wologda (500 km nordöstlich von Moskau) zum Studium des Bauernrechts und -brauchtums. Erste Aufsätze über seine Wologda-Studien erscheinen. Kandinskys Interesse an Brauchtum, Mythen und Märchen wurde durch diese Reise gespeist und kennzeichnet vor allem sein malerisches Frühwerk. Seine Bilder tragen Titel wie *Reitendes Paar* (1906/7), *Der Heilige Georg im Kampf mit dem Drachen* (1911) oder *St. Georg und der Drache* (1915).	1889	
	1891	1891–1901 Bau der Transsibirischen Eisenbahn.

1892	Juristisches Staatsexamen und Beginn der Promotion über die Gesetzmäßigkeit der Arbeitslöhne. Heirat seiner Kusine Anna Tschimjakina.
1893	Annahme einer Attaché-Stelle an der Juristischen Fakultät der Universität Moskau.
1894	Zar Alexander III. stirbt, sein Sohn Nikolaus folgt auf den Zarenthron.
1896	Im Alter von 30 Jahren folgt die für sein Leben konsequenzenreiche Entscheidung: Kandinsky will Künstler werden. Er lehnt den Ruf der Universität Dorpat (heutiges Tallin, Estland) auf eine Dozentur ab und siedelt zusammen mit seiner Frau nach München über. München galt damals neben Paris als europäische Kunstmetropole.
1897	1897–1899 Studium an der privaten Malschule des slowenischen Malers Anton Ažbe.
1898	Bei der Aufnahmeprüfung zur renommierten Kunstakademie in München fällt er durch. Es folgt die erste Ausstellung noch gegenständlicher Arbeiten in Odessa.
1900	Erneute Bewerbung an der Akademie und Aufnahme in die Klasse von Franz von Stuck. Es folgen von nun an zahlreiche Einzel- und Gemeinschaftsausstellungen, zunächst in Russland, ab 1901 dann auch in Deutschland. / Beginn der sogenannten Kunstschulreform in Deutschland als Gegenbewegung zu Akademismus und Historismus; zahlreiche Gründungen von Kunstgewerbeschulen und anderen Reformprojekten der angewandten Kunst, zu denen auch das Bauhaus gerechnet wird.
1901	Gründung der Künstlervereinigung *Phalanx*, der später eine Malschule mit selbem Namen angeschlossen wird. Kandinsky unterrichtet hier vor allem Akt- und Stillleben. Er lernt die 11 Jahre jüngere Gabriele Münter kennen und verliebt sich in sie. Die von da an einsetzende Liebesbeziehung zu Münter war für die damalige Zeit unkonventionell, lebte Kandinsky ja noch mit seiner Frau Anna zusammen.
1903	Ausgiebige Reisen nach Wien, Venedig, Odessa und Moskau.
1904	Schließung der *Phalanx*-Malschule. In der Zeit seines Bestehens organisierte die Künstlervereinigung *Phalanx* insgesamt zwölf Ausstellungen, u. a. mit Künstlern wie Claude Monet, Paul Signac und Henri de Toulouse-Lautrec. Kandinsky trennt sich von seiner Frau Anna.

1905

Henri Matisse und andere Fauvisten zeigen erstmals im Pariser Salon d'Automne ihre Werke. Der Fauvismus gilt als die erste Avantgard-Bewegung der Klassischen Moderne. Zeitgleich entwickelt sich in Deutschland der Expressionismus, der insbesondere durch die Künstlergruppen *Die Brücke* und Kandinskys und Franz Marcs *Der Blaue Reiter* vertreten wurde.

1905–1907 Erste russische Revolution. Die konservative und repressive zaristische Regierungsform führte zu einer Reihe von Demonstrationen, u. a. marschierten 1905 am sogenannten Blutsonntag 150.000 Arbeiter in Richtung Parlament, um für mehr Menschenrechte zu demonstrieren. Diese wurden vom Militär gewaltsam zerschlagen.

1908

Erster Aufenthalt von Kandinsky und Münter in Murnau, wo sie später gemeinsam mit Marianne von Werefkin und Alexej von Jawlensky die abstrakte Kunst weiterentwickeln sollten.

1909

Gründung der Neuen Künstlervereinigung München (N.K.V.M.), in der Kandinsky Präsident wird. Mitglieder waren u. a. auch Wladimir von Bechtejeff, Adolf Erbslöh, Thomas von Hartmann, Alexej von Jawlensky, Alfred Kubin, Gabriele Münter und Marianne von Werefkin. Münter und Kandinsky kaufen in Murnau ein Haus, das in die Murnauer Geschichte als „Russenhaus" einging. Die Bevölkerung Murnaus gab dem Haus diesen Namen, weil hier zahlreiche Russen ein- und ausgingen – nicht nur Kandinsky, auch Alexej von Jawlensky und Marianne von Werefkin, die eine ähnlich „unkonventionelle" Beziehung führten wie Münter und Kandinsky. Sie besuchten ihre Freunde oft in Murnau.

1910

Kandinsky malt sein erstes rein abstraktes Bild, das *Aquarell ohne Titel*. Mit diesem Bild bezeichnete er sich selbst als Begründer der abstrakten Kunst. Heute geht man davon aus, dass Kandinsky das Bild allerdings vordatierte und es möglicherweise erst 1913 malte. Parallel dazu schuf auch František Kupka bereits ab 1911 abstrakte Bilder. Jüngste Forschungen haben ergeben, dass die damals völlig unbekannte Malerin und Theosophin Hilma af Klint schon 1906 abstrakt malte. Neben Kandinsky können auch Robert Delaunay, Francis Picabia, Piet Mondrian und Sophie Taeuber-Arp als Wegbereiter_innen der abstrakten Malerei gelten.

1911 Scheidung von Anna Tschimjakina. Der Beziehung zwischen Kandinsky und Münter steht nun nichts mehr im Weg. Sie beziehen in München zusammen eine Wohnung und leben mal in der Bayerischen Hauptstadt, mal im ländlichen Murnau. Beide teilen ein großes Interesse für okkultesoterische Theorie und Praxis. Sie besuchen Vorträge von Rudolf Steiner und anderen Theosophen, lesen eifrig die gängige esoterische Literatur der Zeit, üben sich in Meditation und glauben, telepathisch miteinander verbunden zu sein.

1912 *Über das Geistige in der Kunst* erscheint im Münchner Piper Verlag. Kandinsky setzt mit dieser Schrift nicht nur einen Meilenstein der damaligen kunsttheoretischen Literatur, sie gilt zugleich auch als die zentrale Darlegung seines spiritualistischen Weltbildes, in der er die Nähe seines Denkens zu Theosophie und Okkultismus deutlich macht. Wegen Streitigkeiten über den Stellenwert von Kandinskys abstrakter Malerei tritt dieser aus der N.K.V.M. aus und gründet zusammen mit Franz Marc den *Blauen Reiter*. Im selben Jahr erscheinen *Der Blaue Reiter Almanach* sowie *Klänge* im Piper Verlag. Auch Franz Marc teilt Kandinskys und Münters Interesse an Mystik und Okkultismus.

1913 Rudolf Steiner bricht mit der Theosophischen Gesellschaft und nennt das vorher als Theosophie bezeichnete spirituelle System von nun an Anthroposophie. Steiner akzeptierte entgegen der internationalen Führung der Theosophischen Gesellschaft nicht, Jiddu Krishnamurti als Weltmessias auszurufen. Im Herbst 1913 beginnen in der Folge die Arbeiten am sogenannten *Goetheanum* in Dornach bei Basel, dem Zentrum der neu gegründeten Anthroposophischen Gesellschaft.

1914 Reisen in die Schweiz, dann nach Odessa und Moskau. Münter begleitet ihn noch in die Schweiz, dann trennen sie sich. Kandinsky, der die deutsche Staatsbürgerschaft angenommen hatte, wird wieder russischer Staatsbürger und lässt sich in Moskau nieder.

Ausbruch des Ersten Weltkrieges.

1915 Kasimir Malewitsch stellt erstmals sein berühmtes *Schwarzes Quadrat auf weißem Grund* in der Moskauer Tretjakow-Galerie aus und begründet hiermit die Geometrische Abstraktion.

1917 Heirat mit der mindestens 25 Jahre jüngeren Nina Andrejewskaja. Sie war die geborene Ehefrau, abgesehen von ihrem Mann, hatte sie keine anderen Interessen. So unkonventionell Kandinskys Liebesbeziehung zu Münter war, so traditionell wurde sein Verhältnis zu Nina. Im September Geburt des Sohnes Vsevolod.

FEBRUAR 1917 Februarrevolution in Russland: Zar Nikolaus II. dankt ab. Nikolaus' Bruder Michail lehnt die Zarenkrone ab und beendet somit nach 300 Jahren die Romanow-Herrschaft. OKTOBER 1917 Oktoberrevolution und gewaltsame Machtübernahme durch die Bolschewisten.

Kandinsky wird Mitglied der Abteilung für Bildende Kunst im Kommissariat für Volkserziehung (NARKOMPROS) und Professor an den Höheren Staatlichen Künstlerisch-Technischen Werkstätten in Moskau (WCHUTEMAS). Trotz seiner ablehnenden Haltung gegenüber Materialismus und Marxismus begleitete Kandinsky seine Stellungen fast drei Jahre lang, sein innerer Widerstand gegen das System wuchs jedoch kontinuierlich.	1918	Ende des Ersten Weltkrieges. Gründung der Russischen Sozialistischen Föderativen Sowjetrepublik (RSFSR).
		JULI 1918 Ermordung der Zarenfamilie durch die Bolschewisten in Jekaterinburg.
		1918/19 Novemberrevolution. Sturz der Monarchie im Deutschen Reich und Beginn der Weimarer Republik.
	1919	Gründung des Bauhauses. Als mögliche Leiter des Bauhauses schlug der ausscheidende Direktor der Weimarer Kunstgewerbeschule, Henry van de Velde, neben dem Jugendstil-Begründer Hermann Obrist sowie den Kunsttheoretiker, Designer und Architekten August Endell auch den viel jüngeren Architekten Walter Gropius vor. Gropius war vom Angebot angetan und regte an, die Großherzogliche Hochschule für bildende Kunst und die Kunstgewerbeschule zusammenzulegen. Im März 1919 schließlich konnte sich die Regierung trotz ablehnender Haltung seitens der konservativen Bürgerschaft Weimars durchringen, dem Vorschlag Gropius' nachzukommen. Im April wurde er Leiter der neuen Schule mit dem Namen Staatliches Bauhaus in Weimar.
Tod des Sohnes Vsevolod. Gründung des Instituts für Künstlerische Kultur (INCHUK) und Professur für Kunstwissenschaft an der Universität Moskau.	1920	Gründung der NSDAP in München.
Der Druck, der nach der Revolution in Russland auf die bürgerlichen Künstler der abstrakten Kunst vonseiten der proletarischen Kollegen ausgeübt wurde und auch Kandinskys antimarxistische Einstellungen sowie seine konsequente Ablehnung des Materialismus zwangen ihn schließlich zu einer Übersiedlung nach Berlin.	1921	
Ruf ans Bauhaus und damit Übersiedlung nach Weimar, wo er bis 1933 unterrichtet.	1922	1922/23 Verbot der NSDAP und Inhaftierung Hitlers.
Zusammen mit Galka Scheyer, Paul Klee, Lyonel Feininger und Alexej von Jawlensky Gründung der Gruppe *Die Blaue Vier*.	1924	
Das Bauhaus zieht nach Dessau um. Die Kandinsky-Gesellschaft wird durch das Engagement von acht Kunstsammlern gegründet.	1925	Neugründung der NSDAP.

1926 erscheint *Punkt und Linie zu Fläche* im Bauhaus-Verlag.	**1926**	
Erneut umfangreiche Reisetätigkeit nach Österreich und in die Schweiz. Kandinsky nimmt wieder die deutsche Staatsbürgerschaft an. Immer schon war er von Deutschland begeistert und nur ungern verließ er wegen des Ersten Weltkrieges sein geliebtes München.	**1927**	
	1929	Weltwirtschaftskrise. Am sogenannten Schwarzen Donnerstag (24. Oktober 1929) und dem darauffolgenden Schwarzen Dienstag (29. Oktober) versuchten beinahe alle Investoren der im Dow-Jones-Index gehandelten Aktienfirmen gleichzeitig ihre Aktien zu verkaufen, es folgt ein Börsencrash, dessen Folgen sich weltweit bis weit in die 1930er Jahre auswirken.
Aufgrund des zunehmenden Einflusses der Nationalsozialisten werden Kandinskys Werke aus dem Weimarer Museum entfernt.	**1930**	Wahlerfolge der NSDAP und anderer völkischer und antisemitischer Parteien in Deutschland.
Erneut reist Kandinsky nach Ägypten, Palästina, Griechenland, Italien und in die Türkei.	**1931**	
Schließung des Bauhauses in Dessau durch die Nationalsozialisten. Umzug nach Berlin.	**1932**	
Endgültige Schließung des Bauhauses. Kandinsky emigriert nach umfangreichen Bemühungen, in Deutschland bleiben zu können, Ende des Jahres nach Paris (Neuilly-sur-Seine).	**1933**	„Machtergreifung" Hitlers und der Nationalsozialisten.
57 Werke Kandinskys werden als „entartet" beschlagnahmt und aus zahlreichen deutschen Museen entfernt. Als „Entartete Kunst" galten unter den Nationalsozialisten u. a. Kunstwerke des Expressionismus, Dadaismus, Surrealismus, Kubismus, Fauvismus und der Neuen Sachlichkeit.	**1937**	
	1938	9. NOVEMBER 1938 Reichspogromnacht.
Kandinsky wird französischer Staatsbürger.	**1939**	1. SEPTEMBER 1939 Beginn des Zweiten Weltkrieges.
	1940	Einmarsch deutscher Truppen in Paris.
Große Retrospektive in der Galerie Nierendorf in New York.	**1945**	

13. DEZEMBER 1944 Wassily Kandinsky stirbt im Alter von 78 Jahren in Neuilly-sur-Seine an einem Hirnschlag. Bis Juli dieses Jahres malte er noch.

1944

Nina Kandinsky wird Verwalterin des Erbes ihres Mannes.

1945

2. SEPTEMBER 1945 Kapitulation Deutschlands und Ende des Zweiten Weltkrieges.

Ende des Streites mit Gabriele Münter um die Frühwerke Kandinskys, die Münter im Keller des „Russenhauses" versteckt hatte. Nina Kandinsky, die sich als einzige Nachlassverwalterin betrachtete, forderte die Werke von Münter zurück.

1957

1958–1973 Urheberrechtsprozesse zwischen Nina Kandinsky und Lothar-Günther Buchheim um die Wiederveröffentlichung des *Blauen Reiter Almanachs* mit dem Hinweis, dass sich seiner Zeit Kandinsky und Münter ein Eheversprechen gegeben hatten. Das missfiel Nina Kandinsky, sie klagte und bekam 1973 Recht: Der *Almanach* wurde eingestampft.

1958

Veröffentlichung der peinlichen Memoiren Nina Kandinskys *Kandinsky und ich* im Kindler Verlag München.

1976

Mord an Nina Kandinsky, der unaufgeklärt bleibt. Testamentarisch verfügte sie die Übergabe des gesamten Nachlasses ihres Mannes an das Musée National d'Art Moderne in Paris.

1980

EDITORISCHE NOTIZ

Die Originaltexte Kandinskys befinden sich in den leider nicht zugänglichen Archiven der Gabriele Münter- und Johannes Eichner-Stiftung in München sowie im Musée National d'Art Moderne in Paris. Die Arbeit am vorliegenden Band wäre ohne Helmut Friedels edierter Ausgabe der gesammelten Schriften Kandinskys aus den Jahren 1889 bis 1916 nicht denkbar gewesen (vgl. Friedel 2007). Allein das Gedicht *Zwielicht* befindet sich im Original im Bauhaus-Archiv Berlin.

Die mit * markierten sechs russischsprachigen Gedichte wurden von Alexander Filyuta neu ins Deutsche übersetzt.

Die Gedichte im vorliegenden Band wurden nach den Regeln der neuen deutschen Rechtschreibung angeglichen.

VERZEICHNIS VERWENDETER LITERATUR

Ball, Hugo: *Kandinsky* (1917). In: Der Künstler und die Zeitkrankheit. Ausgewählte Schriften. Frankfurt/M.: Suhrkamp, 1988. S. 41–53.

Döhl, Reinhard: *Von der Alphabetisierung der Kunst. Zur Vorgeschichte der konkreten und visuellen Poesie in Deutschland.* In: Walther, Elisabeth / Bayer, Udo (Hg.): Zeichen von Zeichen für Zeichen. Festschrift für Max Bense. Baden-Baden: Agis, 1990. S. 250–263.

Droste, Magdalena: *Bauhaus 1919–1933.* Berlin: Taschen, 1993.

Friedel, Helmut (Hg.): *Kandinsky. Gesammelte Schriften 1889–1916. Farbensprache, Kompositionslehre und andere unveröffentlichte Texte.* München: Prestel, 2007.

Gomringer, Eugen: *Vom Vers zur Konstellation. Zweck und Form einer neuen Dichtung* (1954). In: ders. (Hg.): Konkrete Poesie. Stuttgart: Reclam, 1972. S. 155–160.

Gomringer, Eugen: *Konkrete Dichtung* (1956). In: ders. (Hg.): Konkrete Poesie. Stuttgart: Reclam, 1972. S. 161–162.

Graeff, Alexander: *Kandinsky als Pädagoge.* Aachen: Shaker, 2013.

Kandinsky, Wassily: *Sounds* (1912). Translated and with an Introduction by Elizabeth R. Napier. London, New Haven: Yale University Press, 1981.

Kandinsky, Wassily: *Über die abstrakte Bühnensynthese* (1923). In: Kandinsky, Wassily: Essays über Kunst und Künstler. Herausgegeben von Max Bill. Bern: Benteli, 1986. S. 79–83.

Kandinsky, Wassily: *Punkt und Linie zu Fläche. Beitrag zur Analyse der malerischen Elemente* (1926). Herausgegeben von Max Bill. Bern: Benteli, 1986.

Kleine, Gisela: *Gabriele Münter und Wassily Kandinsky. Biographie eines Paares.* Frankfurt/M.: Suhrkamp, 1998.

Marcadé, Jean-Claude: *Maler und Sprachschöpfer. Kandinsky – ein russischer Autor.* In: Friedel, Helmut (Hg.): Kandinsky. Gesammelte Schriften 1889–1916. Farbensprache, Kompositionslehre und andere unveröffentlichte Texte. München: Prestel, 2007. S. 671–675.

POETISIERT EUCH.